# Tatou et les cinq sens

**Je cherche** page A
le masque du chat.

**Je découpe**
le masque du chat.

**Je colle** le masque
sur un bâtonnet
ou sur une paille.

**J'écris** mon nom
sur le masque.

**Je présente**
mon masque
à mes amis.

**1** **1** Pour devenir un chat,
je fabrique un masque.

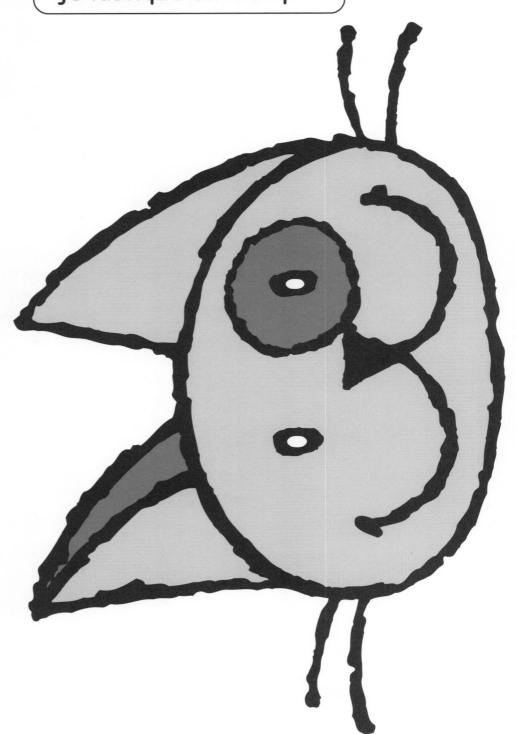

**2** J'aide Tatou à trouver son sac.

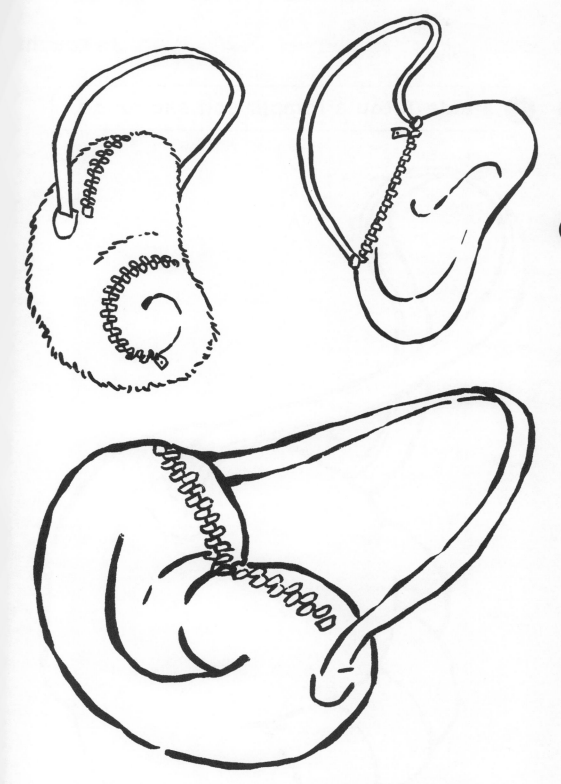

**3** J'aide Tatou à remplir son sac bleu.

**2**

**J'observe** les trois sacs.

**Je colorie** en bleu le sac de Tatou.

**3**

**Je cherche** page C les images des bruits que Tatou met dans son sac bleu.

**Je colle** les images des bruits que Tatou entend dans le sac bleu.

Au revoir !

**Tu touches avec moi ?**

**Je colorie** en rouge
le sac de Tatou.

**Je cherche** page C
les images
des objets doux.

**Je colle** les images
des objets doux
dans le sac rouge
de Tatou.

**1** **1** J'aide Tatou à remplir son sac rouge.

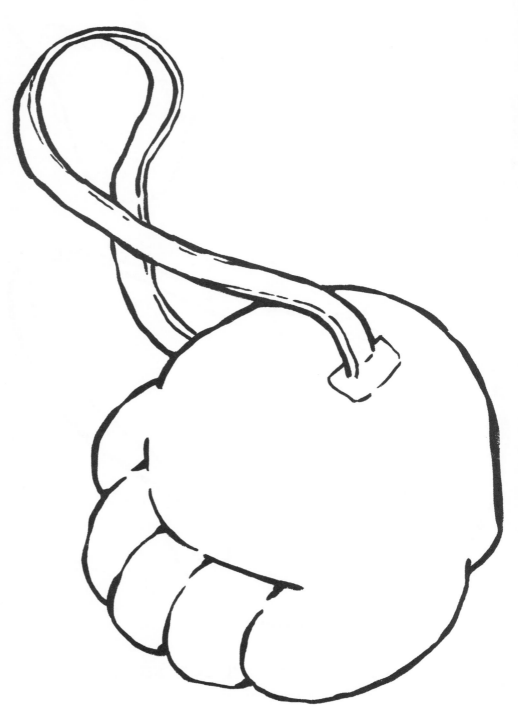

## 2 Je touche. Ça pique ou c'est doux ?

## 3 Je fabrique un hérisson qui pique, qui pique !

**Je colorie**
en rouge les objets
qui piquent.

**3**

**Je vais chercher**
le matériel pour
fabriquer le hérisson.

**Je fabrique**
le hérisson.

**Je présente** mon
hérisson aux autres.

**C'est doux !**

On joue encore ?

J'entend:

**Je cherche** page C les images.

**Je colle** les images.

**Je compare** mes résultats avec mon voisin.

**1** **1** Je colle les images.

**Je découpe**

**Je colle**

**J'écris**

**Je présente**

**2** **J'observe** le texte et trouve le mot « sac » dans la chanson.

**J'entoure** en rouge le mot « sac » chaque fois que je le vois.

**Je compte** les mots entourés.

**Je compare** mes résultats avec mon voisin.

**2** Je cherche le mot « sac » dans le texte de la chanson.

# Dans mon sac

Dans mon sac, dans mon sac

Je mets ce que je touche

Dans mon sac, dans mon sac

Je mets ce que touche ma patte

Dans mon sac en forme de main :

Une plume

C'est doux, c'est doux

Un cactus

Ça pique, ça pique

Un chat en peluche

C'est doux, c'est doux

Et le bec du hibou

Dis-moi si ça pique, ou si c'est doux !

Aïe ! Miaou !...

Bravo !

**Tu sens avec moi ?**

**Je vais chercher** une chose qui sent bon.

**Je mets** cette chose dans l'enveloppe.

**Je présente** mon enveloppe.

**J'observe** les objets pour trouver l'intrus.

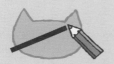

**Je barre** l'intrus en jaune.

**1** **1** **Je garde une odeur que j'aime.**

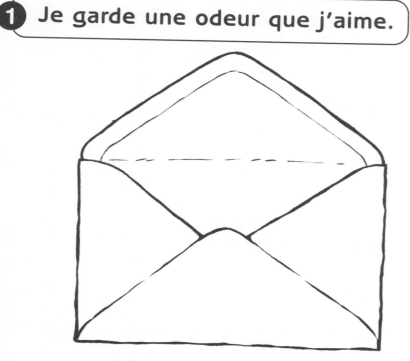

**2** **2** **Je trouve l'intrus.**

**10**

**3** Je me promène avec Tatou dans le jardin des odeurs.

**J'observe** le dessin et je trouve le chemin pour arriver au sac.

**Je colorie** en jaune le chemin.

**Je compare** mon résultat avec le groupe.

Hum...

**Tu goûtes avec moi ?**

**J'observe** le panier.

**Je colorie** ce que je mets dans ma salade de fruits.

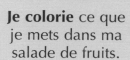

**Je dessine** un fruit que j'aime.

**Je présente** mon panier à Tatou.

**1**　**1**　Je fais une salade de fruit.

**2** Je complète le tablier de Tatou.

**3** J'aide Tatou et Rose à trier des objets.

**Tatou**                    **Rose**

**2**

**J'observe** le tablier.

**Je cherche** page D les images.

**Je colle** les images pour compléter le dessin selon le modèle.

**3**

**J'observe** les deux sacs.

**J'écoute** la cassette.

**Je colorie** en vert ce que Tatou aime et en rose ce que Rose aime.

**Je compare** mes réponses avec mon voisin.

**Bon appétit !**

On joue encore ?

**1** **1** Je fabrique une carte parfumée.

**Je vais chercher** une feuille et des crayons.

**Je dessine** quelque chose qui sent bon.

**J'écris** le prénom et le nom de la personne à qui j'offre la carte.

**Je signe** ma carte.

**Je parfume** la carte.

**Je présente** ma carte parfumée.

Pour
Rose

Tatou

Je goûte

**②** **Je fais un sondage.**

| Est-ce que tu aimes… ? | | |
|---|---|---|
| Le poisson | X X X | 3 |
| Le lait | X | 1 |
| La salade de fruits | X X | 2 |
| Les fraises | X X X X | 4 |
| Le chocolat | X X X X X | 5 |

**Je complète** ma feuille de sondage.

**Je demande** à cinq camarades : « Est-ce que tu aimes… ? »

**Je mets** une croix (un X) dans la case quand il dit « oui ».

**Je compte** les croix.

**Je présente** les résultats à toute la classe.

| Est-ce que tu aimes… ? | | |
|---|---|---|
|  | | |
| | | |
| | | |
| | | |
| | | |

Miam ! Miam !

**Tu vois avec moi ?**

**J'observe**
les deux dessins
de la chambre.

**Je barre** les erreurs
dans le dessin B.

**Je compare**
mes réponses avec
celle de mon voisin.

**J'entoure** l'animal
qui a trouvé le même
nombre d'erreurs
que moi.

**1** **1** Je trouve les erreurs dans le dessin B.

A

B

## 2 Je décore la chambre de Selim.

**2**

**Je vais chercher** les crayons : bleu, rouge, jaune, vert.

**J'écoute** Tatou.

**Je colorie** en bleu, jaune, rouge, vert.

**Je présente** mon coloriage à Tatou.

## 3 Je trouve les animaux qui voient la nuit.

**3**

**J'observe** le tableau.

**Je dessine** une lune quand l'animal voit la nuit.

**Je dessine** un autre animal qui voit la nuit.

**Bravo !**

**Je lis** les phrases pour placer les danseurs à l'endroit qui convient. **Le loup danse avec le renard. Tatou danse avec le hibou.**

**Je cherche** les images des animaux, page D.

**Je colle** l'image à l'endroit qui convient.

**Je compare** mes réponses avec celles de mes camarades.

**1** **1**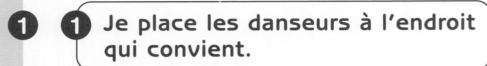

Je place les danseurs à l'endroit qui convient.

Le loup

danse avec

le renard

Tatou

danse avec

le hibou

# Le Petit Chaperon rouge

On joue avec le Chaperon rouge?

**Je cherche** page 32 comment fabriquer mon livre.

**Je fabrique** mon livre en suivant les étapes.

**Je présente** mon livre.

**J'écoute** l'histoire pour repérer les indices.

**Je mets** une croix (un X) quand j'entends un indice.

**Je compte** les croix.

**Je compare** mes résultats.

**1** **1** Je fabrique mon livre.

La comptine des livres

**2** Je compte les indices.

**J'observe** les images.

**Je pense** à l'histoire.

**Je cherche**
la première image.

**Je numérote**
les images dans
l'ordre de l'histoire.

Super !

21

On joue encore ?

**J'observe** les dessins du tableau.

**J'écoute** Tatou pour vérifier qu'il ne se trompe pas.

**Je dis** « Super » ou « Oh ! la, la ! »

**1** **1** J'écoute les histoires racontées par Tatou.

« Il était une fois une petite fille »

Grand-mère

PAR ICI  PAR LÀ

## 2 Je compose mon début d'histoire.

**2**

**J'observe**
les dessins

**Je choisis**
les éléments
de mon histoire.

**Je colorie**
les éléments.

**Je dessine**
un personnage
case 4 et case 9.

**Je présente**
mon histoire à
mes camarades.

**Super !**

**1** **1** Je fabrique deux marionnettes.

**Je cherche** les marionnettes page G.

**Je découpe** les deux rectangles et les cercles.

**J'écris** mon prénom sur les marionnettes.

**Je présente** mes marionnettes à mes camarades.

**2**

**Je vais chercher** un camarade pour jouer avec moi.

**Je vais chercher** le matériel dont j'ai besoin : un dé, un jeton et les marionnettes du loup et de la grand-mère.

**Je joue** en suivant les règles du jeu.

**Encore une fois !**

**Je lis** les mots.

**Je cherche** les images, page E.

**Je colle** les images à l'endroit qui convient.

**Je présente** les scènes à mes amis.

**1** **1** Je crée des scènes drôles.

**Scène 1**

Ici colle
le marteau

Ici colle
le Petit Chaperon
rouge

Ici colle
le loup

## Scène 2

Ici colle
### le chapeau

Ici colle
### la grand-mère

Ici colle
### la maison

## Scène 3

Ici colle
### Tatou

Ici colle
### le biscuit

Ici colle
### le livre

Ici colle
### le panier

Ça alors...

27

On chante avec le Chaperon rouge ?

**1** Je chante la chanson du Petit Chaperon rouge et du chasseur.

Oh ! J'entends une abeille
Je vais, je vais l'appeler.
**N'appelle pas cette abeille**
**Tu vas, tu vas te faire piquer**

Oh ! J'aime les champignons
Je vais, je vais les goûter
**Ne goûte pas ces champignons**
**Tu vas, tu vas t'empoisonner**

Oh ! Je touche un écureuil
Je vais, je vais l'attraper
**N'attrape pas cet écureuil**
**Tu vas, tu vas te faire griffer**

Oh ! Je sens des fleurs
Je vais, je vais les arracher
**N'arrache pas ces fleurs**
**Tu vas détruire la forêt**

Oh ! Je vois un loup
Je vais, je vais lui parler
**Ne parle pas à ce loup**
**Tu vas, tu vas te faire croquer**

Oh, la la le chasseur
Je vais, je vais pas t'écouter
Oh la la le chasseur
Je vais, je vais bien m'amuser
Oh la la la la la
La la la la la la la la

**2** J'écoute les aventures du Petit Chaperon rouge dans la forêt.

**2**

J'**observe** les dessins.

J'**écoute** la chanson.

**Je cherche** page E le sac de Tatou qui correspond à l'image.

**Je colle** l'image du sac au-dessus du dessin.

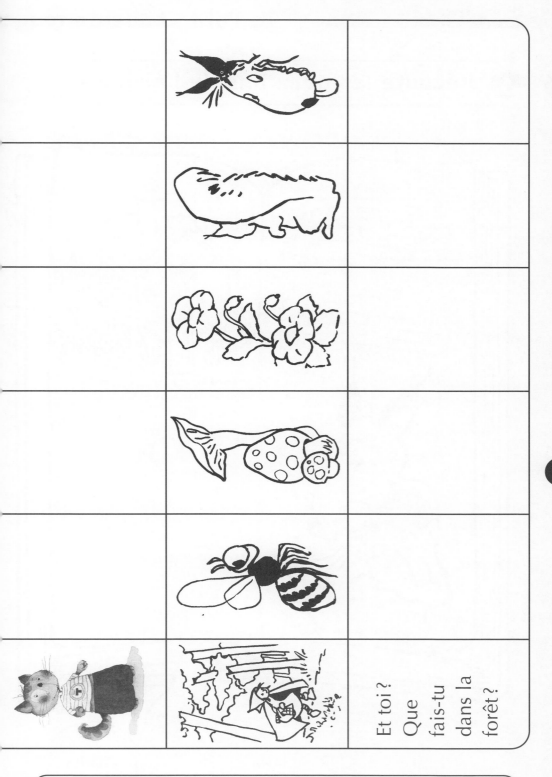

Et toi? Que fais-tu dans la forêt?

**3**

J'**observe** le tableau pour compléter la dernière ligne.

**Je dessine** ce que j'entends, ce que je goûte, ce que je sens, ce que je touche et ce que je vois.

**3** J'imagine mes aventures dans la forêt.

Attention au loup !

**J'observe** les deux images.

**J'écoute** les deux fins de l'histoire.

**Je choisis** la fin que je préfère.

**Je colorie** la loupe de ce livre.

**1** **1** **J'écoute les deux fins de l'histoire.**

FIN

Les frères
Grimm

Au revoir !

# Tatou et les quatre éléments

**On joue avec Edmond ?**

**Je cherche** page 61 la salière.

**Je colorie** la salière.

**Je découpe** la salière.

**Je fabrique** la salière en suivant les indications.

**Je joue** au jeu de la salière avec un ami.

**1** **1** **Je fabrique une salière pour prévoir le temps.**

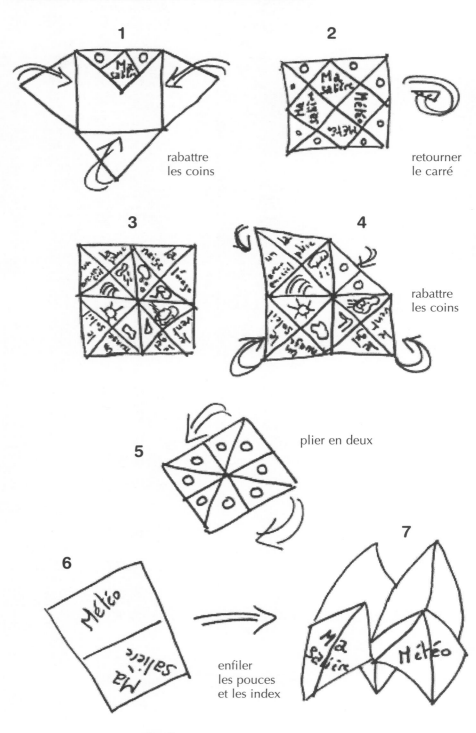

1
rabattre les coins

2
retourner le carré

3

4
rabattre les coins

5
plier en deux

6

enfiler les pouces et les index

7

## 2 J'aide Edmond à allumer les feux.

## 3 Je fais des prévisions météorologiques.

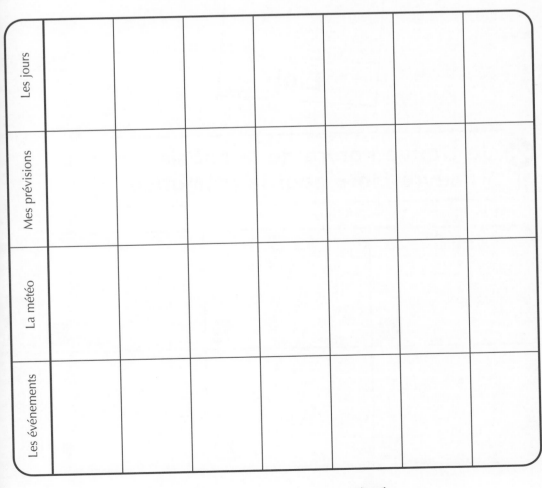

| Les jours | | | | | | | |
|---|---|---|---|---|---|---|---|
| Mes prévisions | | | | | | | |
| La météo | | | | | | | |
| Les événements | | | | | | | |

## 2

**J'observe** la scène pour trouver ce qui manque.

**Je vais chercher** un crayon jaune et un crayon orange.

**Je dessine** des flammes.

## 3

**Je cherche** les jours de la semaine page E.

**Je colle** les jours de la semaine.

**Je fais des prévisions** avec ma salière.

**Je dessine** mes prévisions.

**Au revoir Edmond !**

On joue avec Éloi ?

L'air

**Je cherche** page H
Éloi, le roi des airs.

**Je découpe** Éloi
et le rectangle.

**Je fabrique** Éloi.

**Je cherche**
les images page F.

**J'écoute** la poésie
pour mettre les
images dans l'ordre.

**Je colle** les images
dans l'ordre.

**Je compare**
mes résultats.

**1** **1** Je fabrique Éloi, le roi des airs, pour jouer avec lui.

Éloi

**2** Je trouve l'ordre de la poésie « Pauvre Éloi » pour la mémoriser.

| | | |
|---|---|---|
| **1** | **2** | **3** |
| **3** | **4** | **5** |

**2**

**3** Je trouve ce qui fait tousser Éloi.

37

**3**

J'observe le dessin.

Je vais chercher un crayon gris et des crayons de couleur.

Je colorie en gris, ce qui fait tousser Éloi, en couleur, ce qui ne fait pas tousser Éloi.

Je présente mon dessin à mes camarades.

Au revoir Éloi !

**J'observe** les images

**J'entoure**
ce que je fais.

**Je compare**
ma réponse avec
celle de mon voisin
ou de ma voisine.

**1** **1** Je choisis le bon geste.

Tu joues avec Tatou et Selim. La petite voiture roule près du feu. Que fais-tu ?

**1.**
Je ne fais rien.

**2.**
J'attrape la voiture.

**3.**
Je vais chercher
un adulte.

Tu joues avec Tatou et Selim. Le soleil brille. Selim allume la lumière dans la chambre. Que fais-tu ?

**1.**
Je ne fais rien.

**2.**
J'éteins la lumière.

**3.**
Je demande à Selim
d'éteindre la lumière.

**Je choisis le bon geste.**

**J'observe** les images.

**J'entoure** ce que je fais.

**Je compare** mon résultat avec celui de mon voisin ou de ma voisine.

Tu es avec Rose. Que fais-tu ?

**1.**
Je ne fais rien.

**2.**
Je m'approche de la poubelle.

**3.**
Je vais chercher un adulte.

Tu accompagnes Tatou chez le Petit Chaperon rouge. Que fais-tu ?

**1.**
On prend la voiture.

**2.**
On prend le bus.

**3.**
On prend le vélo.

**Fais attention !**

**J'observe** pour trouver les objets qui manquent.

**Je cherche** page F les images des objets qui manquent.

**Je colle** les images à l'endroit qui convient.

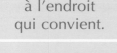

**Je compare** mes réponses avec celles de mes camarades.

**1** **1** Je place les objets à l'endroit qui convient.

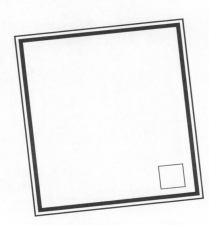

**3** Je fais attention à Irène !

**2**

J'observe les photos.

J'écoute pour identifier les personnages.

Je numérote les cases.

Je dessine quelqu'un qui pleure ou qui est en colère.

**3**

J'observe les images.

Je colorie les bons gestes.

Je compare mes coloriages.

Au revoir Irène !

On joue avec Lucienne ?

**J'observe** les deux dessins.

**Je barre** les erreurs dans le dessin B.

**Je compare** mes réponses avec celle de mon voisin.

**J'entoure** l'animal qui a trouvé le même nombre d'erreurs que moi.

**1** **1** Je trouve les erreurs dans le dessin B.

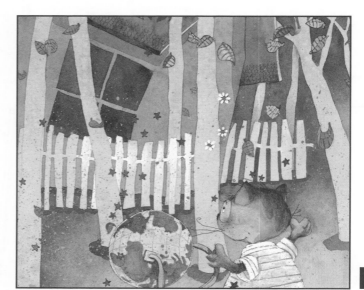

A

B

 5

 4

 3

 2

 1

## ② Je joue au jeu de l'oie.

### RÈGLES DU JEU

**Matériel :**
1 dé et deux pions.

**Le but du jeu :**
atteindre l'arrivée.

**Je lance le dé,
je tombe sur les cases :**

- **3, 19 :**
  je retourne à la case 1.

- **9, 16, 20 :**
  je recule de trois cases.

- **4, 11, 15 :**
  je nomme ce que je vois et j'avance
  de trois cases ; je ne peux pas nommer ce que je vois,
  je reste sur cette case.

- **1, 2, 5, 6, 7, 8, 10, 12, 13, 14, 17, 18, 21, 22, 23, 24 :**
  je nomme ce que je vois et je reste sur cette case ;
  je ne peux pas nommer ce que je vois, je retourne
  d'où je viens.

## ③ Je fabrique mon livre.

Lucienne
la magicienne

**②**

**Je cherche**
page 46 le jeu.

**Je vais chercher** un
dé et deux jetons.

**Je joue** avec
un camarade.

**③**

**Je cherche** page 32
comment fabriquer
mon livre.
**Je cherche** mon livre
page 63.

**Je fabrique** mon livre
en suivant les étapes.

**Je décore** mon livre.

**Je présente** mon livre
à mes amis.

**Super un livre !**

**Je demande**
à cinq camarades :
« Que fais-tu ? »

**Je mets une croix**
(un X) dans la case
quand il dit « oui ».

**Je compte** les croix.

**Je présente**
les résultats
à toute la classe.

## 1   1   Je fais un sondage.

| Que fais-tu ? | | |
|---|---|---|
| Tu te laves les dents et tu laisses le robinet ouvert ? | X X X | 3 |
| Tu te laves les dents et tu fermes le robinet ? | X | 1 |
| Tu jettes la peau de banane dans l'eau de la rivière ? | | 0 |
| Tu jettes la peau de banane dans la poubelle ? | X X X | 4 |
| Tu te laves les mains et tu laisses le robinet ouvert ? | X X | 2 |
| Tu te laves les mains et tu fermes le robinet ? | X X X X X | 5 |

| Que fais-tu ? | | |
|---|---|---|
| Tu te laves les dents et tu laisses le robinet **ouvert** ? | | |
| Tu te laves les dents et tu **fermes** le robinet ? | | |
| Tu jettes la peau de banane **dans l'eau** de la rivière ? | | |
| Tu jettes la peau de banane **dans la poubelle** ? | | |
| Tu te laves les mains et tu laisses le robinet **ouvert** ? | | |
| Tu te laves les mains et tu **fermes** le robinet ? | | |

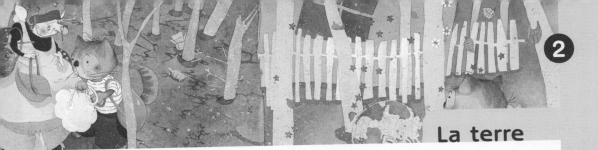

**2**

## 2 Je fabrique une mascotte.

**Je vais chercher** du matériel pour fabriquer la mascotte.

**Je fabrique** la mascotte.

**J'écris** son nom.

**J'expose** ma mascotte.

**Fais attention !**

45

# Le jeu de l'oie

| départ | 1 | 2 | 3 | 4 | 5 |
|---|---|---|---|---|---|
| 11 | 10 | 9 | 8 | 7 | 6 |
| 12 | 13 | 14 | 15 | 16 | 17 |
| 23 | 22 | 21 | 20 | 19 | 18 |
| 24 | | | | | |

# Le Mariage de Souricette

**Pages centrales :**

On joue avec Raton ?

Le Mariage de Souricett

**1** **1** J'invente mon histoire.

**Je vais chercher** une feuille blanche.

**Je dessine** mon histoire.

**Je présente** mon histoire à mes camarades.

**2** Je compte les indices.

**J'écoute** l'histoire pour repérer les indices.

**Je mets** une croix (un X) dans sa case.

**Je compte** les croix.

**Je dessine** l'indice manquant.

**3** Je mets les images dans l'ordre de l'histoire.

J'observe les images.

**Je numérote** les images dans l'ordre de l'histoire.

Voilà !

**Je choisis**
un personnage :
le mur, le soleil,
le rat gris, le nuage
ou le vent.

**Je vais chercher**
le matériel.

**Je fabrique**
ma marionnette.

**Je présente**
ma marionnette
à mes camarades.

**1** **1**  **Je fabrique une marionnette.**

**Je vais chercher** le matériel dont j'ai besoin : un dé, un jeton.

**Je joue** en suivant les règles du jeu.

**Encore une fois !**

51

 **Je chante la chanson de Souricette.**

Souris souris Souricette
Ton mari est le soleil
Souris, souris, Souricette
Regarde vers le ciel

Souris souris Souricette
Ton mari est le nuage
Souris, souris, Souricette
N'en fais pas un fromage

Souris souris Souricette
Pour mari voilà le mur
Souris, souris, Souricette
Aïe ! Ça y est, j'en étais sûr

Souris souris Souricette
Pour mari voilà le vent
Souris, souris, Souricette
Ne te casse pas les dents

Souris souris Souricette
Ton mari c'est moi le rat
Souris, souris, Souricette
Voilà ! embrasse-moi !

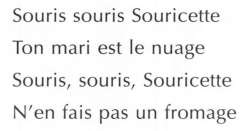

2

**J'observe** les images.

**Je pense**
à la chanson.

**Je dessine** les maris
de Souricette.

**Je compare**
mes dessins avec
mes camarades.

**Souris, souris, Souricette !**

**J'observe** les mots.

**Je cherche**
les images page F.

**Je colle** les images
à l'endroit
qui convient.

**Je présente** les
scènes à mes amis.

**1** **1** ## Je crée des scènes drôles.

**Scène 1**

Ici colle
le soleil

Ici colle
Souricette

Ici colle
le nuage

Ici colle
le mur

**Scène 2**

Ici colle
**le mur**

Ici colle
**le soleil**

Ici colle
**le nuage**

Ça alors !

**J'observe** les deux dessins.

**Je barre** les erreurs dans le dessins B.

**Je compare** mes réponses avec celles de mon voisin.

**J'entoure** le personnage qui a trouvé le même nombre d'erreurs que moi.

**1** **1** Trouve les erreurs dans le dessin B.

**2**

**Je vais chercher** mon matériel.

**Je dessine** Raton en regardant le modèle.

**Je complète** mon Raton avec des objets.

**Je montre** mon Raton à mes camarades.

À bientôt !

# Le Mariage de Souricette

**J'observe** les cartes.

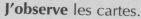

**Je pense** à une carte à offrir à un camarade.

**Je vais chercher** mon matériel.

**Je fais** une carte pour un camarade.

**Je signe** ma carte.

**Je présente** puis j'offre ma carte à un camarade.

**Je colle** la carte que j'ai reçue.

① ① **Je fabrique des cartes de félicitations.**

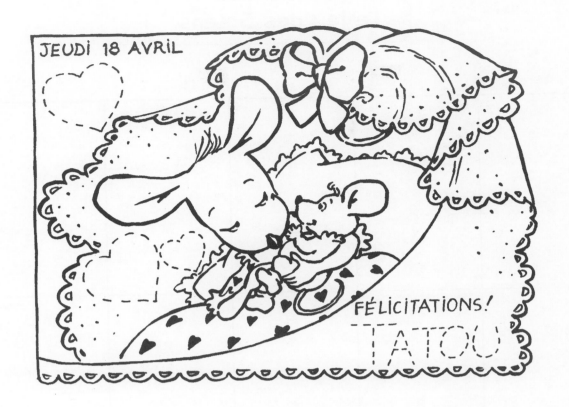

Ici colle
ta carte

# Le jeu des 5 sens

| | | | | |
|---|---|---|---|---|
| | | | | |
| | | | | |
| | | | | |
| Indice 1 | Indice 2 | Indice 3 | Indice 4 | Indice 5 |

Météo

Météo

l'arc-en-ciel

la pluie

le soleil

la neige

l'orage

le nuage

le brouillard

le vent

Ma salière !

Ma salière !

61

Lucienne la magicienne
a de la peine.

La terre a mal aux pôles.
La terre a mal aux mers.

Monte sur les épaules.
Cherche le bon air.

Lucienne la magicienne
a de la peine.

Le livre
de Lucienne
la magicienne

Le livre
de Lucienne
la magicienne

Tatou aime la terre et toi?

Offre lui ton cœur.
Elle compte sur toi.

La terre a mal aux fleurs.
La terre a mal aux bois.

Achevé d'imprimer en Italie par Rotolito Lombarda
Dépôt légal  01/2016 - Collection n°38  - Edition 13
15/5188/6